Yh 3417

Zurich, Paris
1808

Schiller, Friedrich

Imitation libre du poème de la cloche et de l'hymne au plaisir

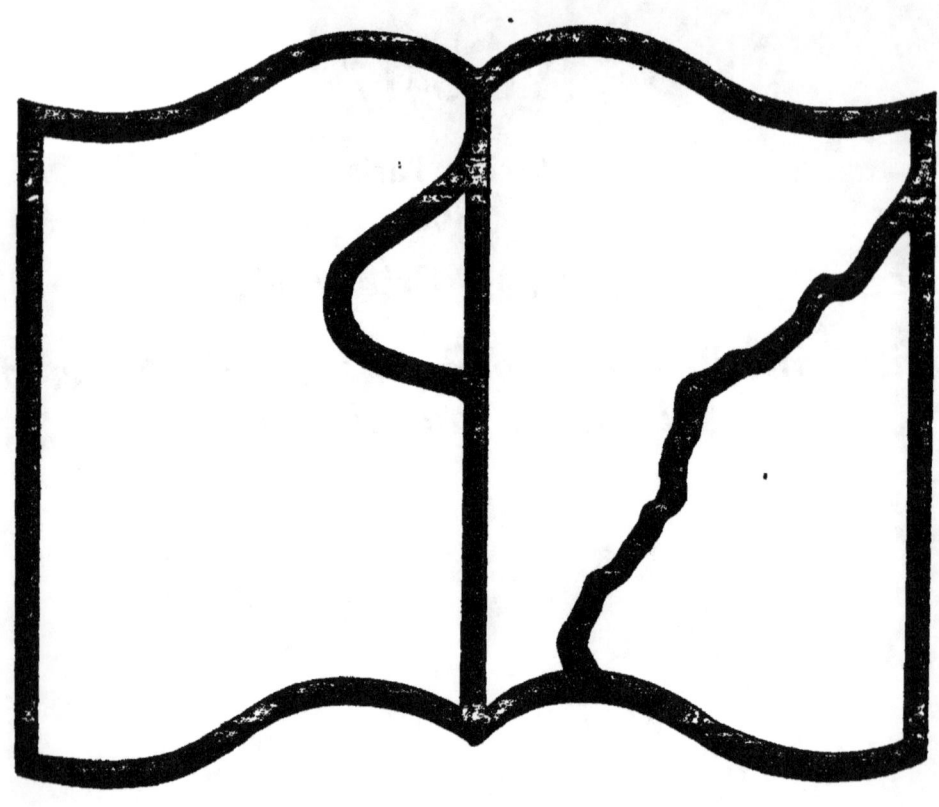

**Symbole applicable
pour tout, ou partie
des documents microfilmés**

Texte détérioré — reliure défectueuse

NF Z 43-120-11

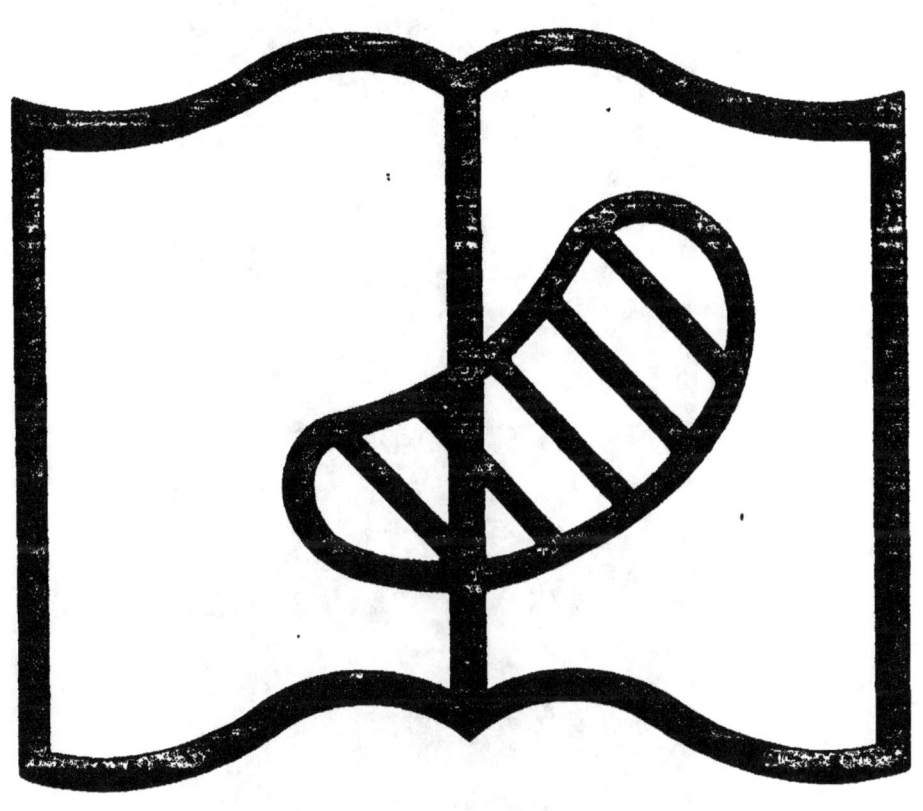

Symbole applicable
pour tout, ou partie
des documents microfilmés

Original illisible

NF Z 43-120-10

INVENTAIRE
Yh 3447

IMITATION LIBRE

DU POËME

DE

LA CLOCHE

ET DE

L'HYMNE AU PLAISIR

DU

célèbre poëte allemand

SCHILLER

PAR

M. C. A. M. DE V...L

ZURIC
CHEZ ORELL, FUSSLI ET COMPAGNIE.
PARIS
CHEZ ANT. AUG. RENOUARD, RUE ST. ANDRÉ.
MDCCCVIII.

Je dédie ce petit poëme à ma femme, à mes enfants et à mes amis.

DE V...L.

DIALOGUE.

Frappe mais écoute!

(La scène est dans un magasin de librairie.)

Un Amateur de nouveautés
(prenant cette brochure.)

La Cloche! un poëme sur une cloche! quelle rapsodie! Je ne veux pas de cela.

Le Libraire.

Vous avez trop d'esprit et de raison pour condamner un auteur sans l'entendre : *lisez et jugez.*

OBSERVATIONS

SUR

LA FONTE DES CLOCHES.

---

1. Le moule où on jette la cloche se met dans une fosse.
2. Il faut, pour faire une cloche sonore, un mélange bien entendu de cuivre et d'étain.
3. Pour savoir si la matière est au dégré de chaleur nécessaire, on y plonge une baguette de fer.
4. Pour couler on pousse du dehors au dedans le tampon qui ferme l'issue du fourneau.
5. Quand on croit la masse refroidie on casse à coups de marteau le moule dans lequel la cloche a été jettée.
6. Il arrive quelquefois, malgré les précautions du fondeur, que la cloche se trouve tarée quand on a brisé le moule. C'est après s'être assuré que la cloche a réussi, qu'on la consacre et qu'on la baptise.
7. Après cela on la monte au haut du clocher, on la suspend et on y met le battant.

LA CLOCHE.

Vivos voco. Mortuos plango. Fulgura frango.

C'est le maître fondeur qui parle.

La terre docile
Renferme en son sein
La forme d'argile
Propre à mon dessein.
Fondons notre cloche,
Venez Compagnons,
Le moment approche;
Que la sueur baigne nos fronts! —
Toi, bénis nos efforts, Dieu que nous im-
   plorons!

Sur l'ouvrage qui se prépare
Nous parlerons en pressant nos travaux;
Animons nous par de sages propos,
  Afin qu'un oeuvre sans tare

DAS LIED VON DER GLOCKE.

Vivos voco. Mortuos plango. Fulgura frango.

Der Glockengießer spricht.

Fest gemauert in der Erden,
Steht die Form, aus Lehm gebrannt.
Heute muß die Glocke werden,
Frisch, Gesellen! seyd zur Hand.
   Von der Stirne heiß
   Rinnen muß der Schweiß,
Soll das Werk den Meister loben,
Doch der Segen kommt von oben.

Zum Werke, das wir ernst bereiten,
Geziemt sich wohl ein ernstes Wort:
Wenn gute Reden sie begleiten,
Dann fließt die Arbeit munter fort.

Soit le produit du travail de nos mains
N'imitons pas cet ouvrier bisarre
Qui sans penser s'abandonne aux destins.
L'homme est né pour penser ; d'une main paternelle,
Le Créateur, dans ses profonds desseins,
Le doua de raison et d'une ame immortelle.

Prenez du bois de pin, et que dans le foier
Parmi les feux et la fumée,
Il alimente le brasier ;
Et que la flamme ranimée,
Pénétrant le métal par un soudain effort,
Et le rendant propre au coulage,
On y puisse ajouter d'abord
L'étain dans un juste alliage.

Ce qu'à l'aide du feu, nos mains
l'ont former aujourd'hui dans la fosse profonde
Rendra de nous témoignage aux humains.

So laßt uns jetzt mit Fleiß betrachten,
Was durch die schwache Kraft entspringt,
Den schlechten Mann muß man verachten,
Der nie bedacht, was er vollbringt.
Das ist's ja, was den Menschen zieret,
Und dazu ward ihm der Verstand,
Daß er im innern Herzen spüret,
Was er erschafft mit seiner Hand.

 Nehmet Holz vom Fichtenstamme,
 Doch recht trocken laßt es seyn,
 Daß die eingepreßte Flamme
 Schlage zu dem Schwalch hinein.
  Kocht des Kupfers Brei,
  Schnell das Zinn herbei,
 Daß die zähe Glockenspeise
 Fließe nach der rechten Weise.

Was in des Dammes tiefer Grube
Die Hand mit Feuers Hülfe baut,
Hoch auf des Thurmes Glockenstube
Da wird es von uns zeugen laut.

Oui ! du haut du clocher que sa voix se con-
fonde
Avec les chants religieux,
Avec les cris des malheureux,
A leurs plaintes qu'elle réponde
Et parle encor de nous à nos derniers neveux !
Ce qu'aux enfants de la terre
Dispensera l'incertain avenir,
La cloche au loin le fera retentir
Jusqu'aux régions du tonnerre.

Mais de la masse enflammée
Je vois le feu s'exhaler :
Que la soude y soit jettée
Et la prépare à couler.
Ecumez bien la surface
De ce précieux airain,
Afin que, net comme une glace,
Il rende un son pur et plein.

Ces sons joieux célèbrent la naissance
Du tendre fils, l'amour de ses parents :

Noch dauern wird's in späten Tagen
Und rühren vieler Menschen Ohr,
Und wird mit dem Betrübten klagen,
Und stimmen zu der Andacht Chor.
Was unten tief dem Erdensohne
Das wechselnde Verhängniſs bringt,
Das schlägt an die metallne Krone,
Die es erbaulich weiter klingt.

Weisse Blasen seh' ich springen,
Wohl! die Massen sind im Fluſs.
Laſst's mit Aschensalz durchdringen,
Das befördert schnell den Guſs.
 Auch von Schaume rein
 Muſs die Mischung seyn,
Daſs vom reinlichen Metalle
Rein und voll die Stimme schalle.

Denn mit der Freude Feierklange
Begrüſst sie das geliebte Kind

Sa mère de soins caressants
   Entoure sa première enfance.
Son avenir est encore renfermé
   Dans le livre des Destinées,
Mais les penchants dont il est animé
   Se font jour avec les années.

Entraîné par ce feu dont il est pénétré
   Il court, s'élance dans la vie,
   Et laissant là sa jeune amie,
Plein d'ardeur, de désirs et d'espoir enivré,
   Il parcourt le monde à son gré,
Puis, comme un étranger revient dans sa
                    patrie.
De son enfance alors la compagne chérie
   Se présente à ses yeux
   Comme un ange des cieux.
   Plein de pudeur, de modestie,
   Il tombe dans la rêverie,
   Des pleurs jaillissent de ses yeux
Et de vagues désirs dans son cœur amoureux
   Répandent la mélancolie.
   Il fuit ses compagnons joyeux ;

Auf seines Lebens erstem Gange,
Den es in Schlafes Arm beginnt;
Ihm ruhen noch im Zeitenschoofse
Die schwarzen und die heitern Loose,
Der Mutterliebe zarte Sorgen
Bewachen seinen goldnen Morgen —
Die Jahre fliehen pfeilgeschwind.

Vom Mädchen reifst sich stolz der Knabe,
Er stürmt in's Leben wild hinaus,
Durchmifst die Welt am Wanderstabe,
Fremd kehrt er heim in's Vaterhaus,
Und herrlich, in der Jugend Prangen,
Wie ein Gebild aus Himmels Höh'n,
Mit züchtigen, verschämten Wangen
Sieht er die Jungfrau vor sich stehn.
Da fafst ein namenloses Sehnen
Des Jünglings Herz, er irrt allein,
Aus seinen Augen brechen Thränen,
Er flieht der Brüder wilden Reih'n.

Pour que la cloche ait un son pur et plein,
Il faut d'une main habile
Mélanger le cuivre et l'étain,
Le métal aigre et le métal ductile.

Ainsi vous que l'hymen doit lier pour toujours,
Demandez à vos cœurs s'ils battent bien ensemble,
Pour que le nœud qui vous rassemble
Ne fasse pas le malheur de vos jours.

Rien n'égale notre ivresse,
Quand sur le front virginal
De notre belle maîtresse
Notre main, qu'amour caresse,
Met le bandeau nuptial.
Mais bientôt le charme cesse,
Si l'amour et la sagesse
N'ont pris soin de nous unir ;
Bientôt cette douce ivresse
Amène un long repentir.

Denn wo das Strenge mit dem Zarten,
Wo Starkes sich und Mildes paarten,
Da giebt es einen guten Klang.
Drum prüfe, wer sich ewig bindet,
Ob sich das Herz zum Herzen findet!
Der Wahn ist kurz, die Reu ist lang.

Lieblich in der Bräute Locken
Spielt der jungfräuliche Kranz,
Wenn die hellen Kirchenglocken
Laden zu des Festes Glanz.
Ach! des Lebens schönste Feier
Endigt auch den Lebens-Mai,
Mit dem Gürtel, mit dem Schleier
Reifst der schöne Wahn entzwei.

L'Hymen a son printems mais qu'il est passager !
L'été le suit et s'éclipse de même ;
C'est à l'autômne à nous dédomager ;
Et ses fruits sont exquis pour un couple qui s'aime.
L'homme né pour agir fait cultiver ses champs,
Il séme, il plante, il recueille, il moissonne,
Et par les peines qu'il se donne
Prépare un sort à ses enfans.
Il tente la fortune, il hasarde, il se lance
Au milieu des écueils semés dans l'univers,
Son courage le guide en ses travaux divers,
Accompagné de la prudence.
Pendant ce tems la femme, à d'utiles travaux
Livrée au sein de son ménage,
Cultive ses jardins, prend soin de son laitage,
Fait filer la toison de ses nombreux troupeaux,
Maîtresse active et douce autant que sage,
Elle préside à tout sans prendre de repos.

Die Leidenschaft flieht!
Die Liebe muſs bleiben,
Die Blume verblüht,
Die Frucht muſs treiben.
Der Mann muſs hinaus
In's feindliche Leben,
Muſs wirken und streben
Und pflanzen und schaffen,
Erlisten, erraffen,
Muſs wetten und wagen,
Das Glück zu erjagen.
Da strömet herbei die unendliche Gabe,
Es füllt sich der Speicher mit köstlicher Haabe,
Die Räume wachsen, es dehnt sich das Haus.
Und drinnen waltet
Die züchtige Hausfrau,
Die Mutter der Kinder,
Und herschet weise
Im häuslichen Kreise,
Und lehret die Mädchen,
Und wehret den Knaben,

*Les enfans constamment sous les yeux de
leur mère,
Se forment aux vertus ainsi qu'à la bonté ;
Le fils apprend à vaincre un esprit emporté
Et la fille apprend l'art de plaire.*

*Le père cependant contemplant ses guérèts,
Ses forêts et ses prés et ses gras pâturages,
Ses moissons, ses troupeaux, en rend grace à
Cérès,
Et promenant partout des regards satisfaits,
Semble braver le sort et ses cruels orages,
Le sort qui si souvent retire ses bienfaits.*

Und reget ohn' Ende
Die fleissigen Hände,
Und mehrt den Gewinn
Mit ordnendem Sinn.
Und füllet mit Schätzen die duftenden Laden,
Und dreht um die schnurrende Spindel den Faden,
Und sammelt im reinlich geglätteten Schrein
Die schimmernde Wolle, den schneeigten Lein,
Und füget zum Guten den Glanz und den Schimmer,
Und ruhet nimmer.

Und der Vater mit frohem Blick
Von des Hauses weitschauendem Giebel
Ueberzählet sein blühend Glück,
Siehet der Pfosten ragende Bäume,
Und der Scheunen gefüllte Räume,
Und die Speicher, vom Segen gebogen,
Und des Kornes bewegte Wogen,
Rühmt sich mit stolzem Mund:
Fest, wie der Erde Grund,
Gegen des Unglücks Macht

A moi, Compagnons,
A genoux et prions!
Le métal bouillonne,
La matière est bonne,
Hâtons nous, coulons,
Poussez le tampon!...
Un torrent de flamme
Sort à gros bouillons.

Feu créateur, don du ciel, grand mobile!
L'homme par toi dans ses vastes travaux,
Nouveau vulcain, maîtrise les métaux,
Comme il ferait la molle argile.
Mais, si rebelle à l'art qui te conduit
    Tu te soustrais à son empire;
Si, lorsque pour créer l'Eternel t'a produit,
    Le hazard t'employe à détruire;
    Si volant sur nos bâtiments,

Steht mir des Hauses Pracht!
Doch mit des Geschickes Mächten
Ist kein ew'ger Bund zu flechten,
Und das Unglück schreitet schnell.

 Wohl! Nun kann der Guſs beginnen,
 Schön gezacket ist der Bruch.
 Doch, bevor wir's lassen rinnen,
 Betet einen frommen Spruch!
  Stoſst den Zapfen aus!
  Gott bewahr' das Haus.
 Rauchend in des Henkels Bogen
 Schieſst's mit feuerbraunen Wogen.

Wohlthätig ist des Feuers Macht,
Wenn sie der Mensch bezähmt, bewacht,
Und was er bildet, was er schafft,
Das dankt er dieser Himmelskraft;
Doch furchtbar wird die Himmelskraft,
Wenn sie der Fessel sich entrafft,
Einhertritt auf der eignen Spur
Die freie Tochter der Natur.
Wehe, wenn sie losgelassen
Wachsend ohne Widerstand

Enfant de la nature en ta force terrible,
Tu portes l'incendie et les embrasements
    Au sein de la cité paisible...
L'homme voit son ouvrage en proye aux
                éléments

   Du sein même des nuages
Dont l'eau féconde nos champs
Sortent les affreux orages
   Et les fléaux dévorants.
     Mais je viens d'entendre
     Retentir l'airain;
     Dieu! c'est le tocsin!
      Le ciel se colore
     D'un rouge foncé...
    Ce n'est pas l'aurore!
      L'air est embrasé;
   La flamme dévore;
   De noirs tourbillons
   Cachent les maisons;
   La poutre embrasée,
   La pierre brisée
   Couvrent les pavés;

Durch die volkbelebten Gassen.
Wälzt den ungeheuren Brand!
Denn die Elemente hassen
Das Gebild' der Menschenhand.

Aus der Wolke
Quillt der Segen,
Strömt der Regen,
Aus der Wolke, ohne Wahl,
Zuckt der Strahl!
Hört ihr's wimmern hoch vom Thurm!
Das ist Sturm!
Roth wie Blut
Ist der Himmel,
Das ist nicht des Tages Glut!
Welch Getümmel
Strafsen auf!
Dampf wallt auf!
Flackernd steigt die Feuersäule,
Durch der Strafse lange Zeile
Wächst es fort mit Windeseile,
Kochend wie aus Ofens Rachen
Glühn die Lüfte, Balken krachen.

La foule allarmée
Court de tous côtés.
 Des brebis bêlantes,
Des vaches meuglantes,
Sous de noirs débris,
L'on entend les cris.
 Des mères errantes,
Les cheveux épars
Et les yeux hagards,
De leurs mains tremblantes
Serrent leurs enfants
Craintifs et pleurants.
 On court, on s'empresse,
L'eau coule à grands flots :
La flamme traîtresse
Dévore les eaux.
Le vent qui se lève
Accroît sa fureur ;
Bientôt elle achève,
La scène d'horreur ! —

Pfosten stürzen, Fenster klirren,
Kinder jammern, Mütter irren,
Thiere wimmern,
Unter Trümmern,
Alles rennet, rettet, flüchtet,
Taghell ist die Nacht gelichtet,
Durch der Hände lange Kette
Um die Wette
Fliegt der Eimer, hoch im Bogen
Sprützen Quellen, Wasserwogen.
Heulend kommt der Sturm geflogen,
Der die Flamme brausend sucht.
Prasselnd in die dürre Frucht
Fällt sie, in des Speichers Räume,
In der Sparren dürre Bäume,
Und als wollte sie im Wehen
Mit sich fort der Erde Wucht
Reissen, in gewalt'ger Flucht,
Wächst sie in des Himmels Höhen
Riesengroſs!
Hoffnungslos
Weicht der Mensch der Götterstärke,
Müſsig sieht er seine Werke
Und bewundernd untergehen.

Le citoyen dans un morne silence
Voit consumé son foyer paternel;
Son œil est sec; le désespoir cruel
   Semble attaquer sa fragile existence.

Mais un rayon d'espoir luit encore à ses yeux!
Il cherche ses enfants, ses parents et sa femme;
Aucun d'eux ne lui manque, il en rend grace
                     aux Dieux
Et quittant ce séjours devasté par la flamme
Il va chercher au loin un destin plus heureux.

   La masse a coulé;
   Le moule est comblé;
   L'œuvre est achevé!

Leergebrannt
Ist die Stätte,
Wilder Stürme rauhes Bette,
In den öden Fensterhöhlen
Wohnt das Grauen,
Und des Himmels Wolken schauen
Hoch hinein.

Einen Blick
Nach dem Grabe
Seiner Haabe
Sendet noch der Mensch zurück —
Greift fröhlich dann zum Wanderstabe,
Was Feuers Wuth ihm auch geraubt,
Ein süsser Trost ist ihm geblieben,
Er zählt die Häupter seiner Lieben
Und sieh! ihm fehlt kein theures Haupt.

In die Erd' ist's aufgenommen,
Glücklich ist die Form gefüllt,
Wird's auch schön zu Tage kommen,
Daſs es Fleiſs und Kunst vergilt?

A nos labeurs le prix est réservé
Si le ciel a daigné bénir ce grand ouvrage.
Mais si quelque malheur nous était arrivé !..
Souvent le port est témoin du naufrage.

Ainsi qu'au sein de la terre
Nous avons confié l'ouvrage de nos mains,
Le laboureur confie, en répandant ses grains,
Son espérance au sein de la commune mère.
De même, ô terre hospitalière,
Quand notre œil défaillant se ferme à la clarté,
On dépose en ton sein, renfermé dans la bierre,
Le germe heureux de l'Immortalité.

J'entends la voix de l'airain qui gémit...
Au séjour des tombeaux cette voix nous appelle ;
Un esprit a quitté sa dépouille mortelle ;
On la porte au sépulcre où la mort la conduit.

O mort, cruelle mort, c'est une tendre épouse
Que ta faulx a frappée et ta fureur jalouse

Wenn der Guſs miſslang?
Wenn die Form zersprang?
Ach! vielleicht, indem wir hoffen,
Hat uns Unheil schon getroffen.

Dem dunkeln Schooſs der heil'gen Erde
Vertrauen wir der Hände That,
Vertraut der Sämann seine Saat
Und hofft, daſs sie entkeimen werde
Zum Segen, nach des Himmels Rath.
Noch köstlicheren Saamen bergen
Wir traurend in der Erde Schooſs,
Und hoffen, daſs er aus den Särgen
Erblühen soll zu schönerm Loos.

Von dem Dome,
Schwer und bang,
Tönt die Glocke
Grabgesang.
Ernst begleiten ihre Trauerschläge
Einen Wandrer auf dem letzten Wege.

Ach! die Gattinn ist's, die theure,
Ach! es ist die treue Mutter,

L'enlève à son fidèle époux!
C'est une aimable et tendre mère
Que tu ravis à ses soins les plus doux!

Pleure, époux délaissé, sur ton lit solitaire;
Pleurez surtout, tendres enfants,
Pleurez, qu'une douleur amère
Remplisse vos cœurs innocents!
Celle par qui votre œil s'ouvrit à la lumière
Et qui vous sourit la première,
Qui vous donna son lait et ses soins caressants,
Et qui sema de fleurs votre jeune carrière,
Est enlevée à vos embrassements.
Ils sont rompus ces liens pleins de charmes
Qui faisaient tout votre bonheur:
Où pourrez vous trouver assez de larmes
Pour un si grand malheur!
Peut-être un jour une étrangère
Dans le lit nuptial venant à se placer
Remplacera l'épouse et non la mère,
Ah! qui pourrait la remplacer!

Die der schwarze Fürst der Schatten
Wegführt aus dem Arm des Gatten,
Aus der zarten Kinder Schaar,
Die sie blühend ihm gebahr,
Die sie an der treuen Brust
Wachsen sah mit Mutterlust —
Ach! des Hauses zarte Bande
Sind gelöst auf immerdar,
Denn sie wohnt im Schattenlande,
Die des Hauses Mutter war,
Denn es fehlt ihr treues Walten,
Ihre Sorge wacht nicht mehr,
An verwaister Stätte schalten
Wird die Fremde, liebeleer.

Compagnons, la nuit s'approche
Pour suspendre vos travaux;
Laissez réfroidir la cloche
Et goûtez un doux repos.
De l'étoile scintillante
Si tôt que la flamme a lui
L'ouvrier s'amuse et chante,
Le Maître veille pour lui.

La brébis, l'agneau bêlant
Et le taureau mugissant,
Au front large et menaçant
Rentrent dans la bergerie;
Tandis que les moissonneurs
Et les joyeux laboureurs
Pleins d'une aimable folie
Escortent, chantant en chœurs,
Le char qui roule et qui plie
Sous les fruits de leurs labeurs,
Et que fillette jolie
Orna d'un bouquet de fleurs.

Bis die Glocke sich verkühlet
Laſst die strenge Arbeit ruhn,
Wie im Laub der Vogel spielet
Mag sich jeder gütlich thun.
  Winkt der Sterne Licht,
  Ledig aller Pflicht,
Hört der Pursch die Vesper schlagen,
Meister muſs sich immer plagen.

Munter fördert seine Schritte
Fern im wilden Forst der Wandrer
Nach der lieben Heimathütte.
Blöckend ziehen heim die Schaafe,
Und der Rinder
Breitgestirnte, glatte Schaaren
Kommen brüllend,
Die gewohnten Ställe füllend,
Schwer herein
Schwankt der Wagen,
Korn beladen,
Bunt von Farben
Auf den Garben
Liegt der Kranz,

On arrive, un bal champêtre
Aussi-tôt se met en train,
On danse dessous un hêtre
Au son d'un naïf refrain.
 Voyant descendre les ombres,
Le voyageur harassé
D'un pas craintif et pressé
Traverse les forêts sombres;
Il arrive à la cité,
Et devenu plus tranquille
Reçoit l'hospitalité.
 Et la porte de la ville
Criant sur ses gonds rouillés
Des citadins bien gardés
Ferme l'inviolable asile;
La nuit versant ses pavôts
  Les invite au doux repos.
Paisiblement l'homme de bien sommeille,
Sans redouter ni voleurs, ni filoux;
  Pour la sûreté de tous
  C'est maintenant la loi qui veille.

Und das junge Volk der Schnitter
Fliegt zum Tanz.

Markt und Strafse werden stiller,
Um des Licht's gesell'ge Flamme
Sammeln sich die Hausbewohner,
Und das Stadtthor schliefst sich knarrend.
Schwarz bedecket
Sich die Erde,
Doch den sichern Bürger schrecket
Nicht die Nacht,
Die den Bösen gräfslich wecket,
Denn das Auge des Gesetzes wacht.

Ordre public, enfant des Dieux,
Tu fis naître les Républiques, *)
Tu rendis les mortels heureux
    Les formant aux vertus civiques.
Le sauvage, à ta voix désertant les forêts,
Vint fonder les cités et jouir de la vie;
De l'état social il gouta les attraits,
Les devoirs mutuels, et son ame attendrie
Plus faite pour aimer savourait à longs traits
L'amour et l'amitié devenus plus parfaits
    Et l'amour saint de la patrie.

Ce pacte heureux qui lia les humains
    Fit naître chez eux l'industrie;
    La liberté préside à leurs desseins: **)
Sous son égide on travaille, on s'empresse;
    Le travail fait naître les arts;
L'homme est digne à la fin que le Dieu du
        Permesse
    L'honore de ses doux regards.

---

*) On entend ici par Républiques, les Sociétés, les Etats: *Res-publicæ.*
**) La liberté, non l'anarchie.

Heil'ge Ordnung, segenreiche
Himmelstochter, die das Gleiche
Frei und leicht und freudig bindet,
Die der Städte Bau gegründet,
Die herein von den Gefilden
Rief den ungesell'gen Wilden,
Eintrat in der Menschen Hütten,
Sie gewöhnt zu sanften Sitten,
Und das theuerste der Bande
Wob, den Trieb zum Vaterlande!

Tausend fleifs'ge Hände regen,
Helfen sich in munterm Bund
Und in feurigem Bewegen
Werden alle Kräfte kund.
Meister rührt sich und Geselle
In der Freiheit heil'gem Schutz.
Jeder freut sich seiner Stelle,
Bietet dem Verächter Trutz.
Arbeit ist des Bürgers Zierde,
Segen ist der Mühe Preis,
Ehrt den König seine Würde,
Ehret uns der Hände Fleifs.

Les Muses de leurs dons ornent son ame altière,
Le flambeau d'Uranie éclaire son esprit,
Et la Religion par la main le conduit
 Vers le séjours de la lumière.
 Douce concorde, aimable paix,
 Ah! demeurez dans nos foyers tranquilles,
Ecartez de nous à jamais
Ces jours de sang, ces jours en cruautés
      fertiles,
Où la guerre avec ses fureurs
Portant dans les hameaux le flambeau qui
      dévore
Mêle à l'éclat si doux dont le couchant se dore
Les feux de l'incendie et ses sombres lueurs.

 Notre but est rempli, que ce moule inutile
Vole en éclats sous nos coups;
Frappez, Compagnons, hâtez vous,
Délivrons ce métal de sa coque fragile;
Frappez, il est tems, jouissons
Du succès de notre entreprise :
Pour que l'œuvre paraisse en ses perfections,
Il faut que sa forme se brise.

Holder Friede,
Süße Eintracht,
Weilet, weilet
Freundlich über dieser Stadt!
Möge nie der Tag erscheinen,
Wo des rauhen Krieges Horden
Dieses stille Thal durchtoben,
Wo der Himmel,
Den des Abends sanfte Röthe
Lieblich mält,
Von der Dörfer, von der Städte
Wildem Brande schrecklich strahlt!

Nun zerbrecht mir das Gebäude,
Seine Absicht hat's erfüllt,
Daß sich Herz und Auge weide
An dem wohlgelungnen Bild.
   Schwingt den Hammer, schwingt,
   Bis der Mantel springt,
Wenn die Glock' soll auferstehen,
Muß die Form in Stücken gehen.

Le maître peut alors qu'il en est tems,
Briser le moule où coula son ouvrage :
Malheur à nous si par torrents
Malgré lui la matière en coulant se dégage !
Semblable en sa fureur
Aux éclats du tonnere,
Brisant le moule comme verre,
Elle répand le désordre et l'horreur.
Quand la force agit seule, à sa suite elle entraîne
Les fléaux les plus destructeurs.
Quand un peuple en fureur veut seul rompre sa chaîne,
Il attire sur lui d'innombrables malheurs.

Le trouble et la terreur remplissent la cité,
On s'arme, on s'assemble, on menace ;
Le scélérat rempli d'audace
Quitte son repaire infecté.
La cloche organe des fêtes
Livrée à des séditieux,
Devient le tocsin furieux
Dont le son menace nos têtes.

Der Meister kann die Form zerbrechen
Mit weiser Hand, zur rechten Zeit,
Doch wehe, wenn in Flammenbächen
Das glühnde Erz sich selbst befreit!
Blindwüthend mit des Donners Krachen
Zersprengt es das geborstne Haus,
Und wie aus offnem Höllenrachen
Speit es Verderben zündend aus;
Wo rohe Kräfte sinnlos walten,
Da kann sich kein Gebild gestalten,
Wenn sich die Völker selbst befrein,
Da kann die Wohlfahrt nicht gedeihn.

Weh, wenn sich in dem Schooß der Städte
Der Feuerzunder still gehäuft,
Das Volk, zerreissend seine Kette,
Zur Eigenhilfe schrecklich greift!
Da zerret an der Glocke Strängen
Der Aufruhr, daß sie heulend schallt,
Und nur geweiht zu Friedensklängen
Die Losung anstimmt zur Gewalt.

Tous les nœuds sont rompus, il n'est rien de sacré,
La vengeance appelle le crime,
Et la populace à son gré
Frappe victime sur victime;
Des femmes, aux bourreaux de carnage altérés,
Vont enseigner la barbarie,
Les corps par eux privés de vie
Par elles sont défigurés
Et sur leurs restes déchirés
Elles portent leur dent impie!
Liberté sainte, ô douce égalité,
C'est votre nom qu'on prête à tant de crimes,
Et les bons Citoyens souvent pusillanimes,
Livrent aux scélérats leur pays agité.
On craint le tigre et sa dent meurtrière;
On craint le reveil du lion;
Mais le peuple en rebellion
Réunit les horreurs de la nature entière.
Génie, ô cache lui ton céleste flambeau,
Il n'en peut maitriser la divine lumière;

Freiheit und Gleichheit! hört man schallen,
Der ruh'ge Bürger greift zur Wehr,
Die Strafsen füllen sich, die Hallen,
Und Würgerbanden ziehn umher,
Da werden Weiber zu Hyänen
Und treiben mit Entsetzen Scherz,
Noch zuckend, mit des Panthers Zähnen,
Zerreissen sie des Feindes Herz.
Nichts Heiliges ist mehr, es lösen
Sich alle Bande frommer Scheu,
Der Gute räumt den Platz dem Bösen,
Und alle Laster walten frei.
Gefährlich ist's den Leu zu wecken,
Verderblich ist des Tigers Zahn,
Jedoch der schrecklichste der Schrecken
Das ist der Mensch in seinem Wahn.

Ce flambeau dans ses mains deviendrait un
fléau
Qui semerait d'horreurs sa funeste carriére.
Le peuple est un aveugle, on ne peut l'éclairer,
Il détruit les Etats qu'il veut régénérer. *)

Qu'avec plaisir je vois ce bel ouvrage!
Comme le ciel a béni nos travaux!
Voyez comment sous nos marteaux
La cloche avec éclat du moule se dégage!
Quel poli, quel fini, quelle vive splendeur,
Ah! que cet œuvre honore son auteur!

En cercle Compagnons, rangeons nous
autour d'elle,
Consacrons la, baptisons la,
Que son nom soit Concordia,
Que placée au clocher sa voix toujours fidelle
Dans tous nos Citoyens par ses sons réunis
N'appelle que de vrais amis!

---
*) Ceci s'applique à certains principes dont on a souvent abusé.

Weh' denen, die dem Ewigblinden
Des Lichtes Himmelsfackel leihn!
Sie strahlt ihm nicht, sie kann nur zünden
Und äschert Städt' und Länder ein.

Freude hat mir Gott gegeben!
Sehet! wie ein goldner Stern
Aus der Hülse, blank und eben,
Schält sich der metallne Kern.
Von dem Helm zum Kranz
Spielt's wie Sonnenglanz,
Auch des Wappens nette Schilder
Loben den erfahrnen Bilder.

Herein! herein!
Gesellen alle, schliefst den Reihen,
Dafs wir die Glocke taufend weihen,
Concordia soll ihr Name seyn,
Zur Eintracht, zu herzinnigem Vereine
Versammle sie die liebende Gemeine

Que voisine du tonnerre
Et de ce beau firmament,
Sa voix comme eux dise à la terre
Qu'il existe un Dieu vivant;
Que, semblable aux chœurs des anges,
Elle chante ses louanges.
Que sur son brillant airain
Le tems d'une aile légère
Frappe l'heure passagère;
Et qu'organe du destin,
Impassible, elle publie
Les changements de la vie.
Que sa voix en se perdant
Dans le séjours des nuages
Rapelle aux humains d'âge en âge
Que tout passe en un moment.

Und dies sey fortan ihr Beruf,
Wozu der Meister sie erschuf!
Hoch über'm niedern Erdenleben
Soll sie in blauem Himmelszelt
Die Nachbarinn des Donners schweben
Und gränzen an die Sternenwelt,
Soll eine Stimme seyn von oben,
Wie der Gestirne helle Schaar,
Die ihren Schöpfer wandelnd loben
Und führen das bekränzte Jahr.
Nur ewigen und ernsten Dingen
Sey ihr metallner Mund geweiht,
Und stündlich mit den schnellen Schwingen
Berühr' im Fluge sie die Zeit,
Dem Schicksal leihe sie die Zunge,
Selbst herzlos, ohne Mitgefühl,
Begleite sie mit ihrem Schwunge
Des Lebens wechselvolles Spiel.
Und wie der Klang im Ohr vergehet,
Der mächtig tönend ihr erschallt,
So lehre sie, daſs nichts bestehet,
Daſs alles Irdische verhallt.

Enfants! le cable et la poulie
Secondent nos efforts divers:
Qu'aux régions de l'harmonie
La cloche monte dans les airs!
Tirez! allons! elle remue!..
Courage amis!... nous voilà prêts!
Au sommet du clocher la cloche est suspendue.
Que ses premiers sons soient la Paix!

Jetzo mit der Kraft des Stranges
Wiegt die Glock' mir aus der Gruft,
Daſs sie in das Reich des Klanges
Steige, in die Himmelsluft.
　Ziehet, ziehet, hebt!
　　Sie bewegt sich, schwebt,
Freude dieser Stadt bedeute,
Friede sey ihr erst Geläute.

IMITATION LIBRE
DE
L'HYMNE AU PLAISIR
DE
SCHILLER.

I.

Doux plaisir, céleste flamme,
  Digne fils des immortels,
Dans l'ardeur qui nous enflamme
  Nous entourons tes autels.
Heureux ceux que ta puissance
  Retient sous tes douces lois!
Oui, ta magique influence
  Rend le pauvre égal aux Rois.

CHOEUR.

(bis) Plaisir, fais nous vivre en frères
  Unis les peuples divers: (bis)
  Dans le Dieu de l'Univers
  Ils ont le meilleur des pères.

AN DIE FREUDE.

1.

Freude, schöner Götterfunken!
 Tochter aus Elysium!
Wir betreten feuertrunken,
 Himmlische, dein Heiligthum.
Deine Zauber binden wieder,
 Was die Mode streng getheilt;
Alle Menschen werden Brüder,
 Wo dein sanfter Flügel weilt.

CHOR.

Seid umschlungen, Millionen!
 Diesen Kuſs der ganzen Welt!
 Brüder, überm Sternenzelt
 Muſs ein lieber Vater wohnen!

2.

Prends part à notre allégresse
Toi qui connois l'amitié ;
Toi qui fais par ta tendresse
Le bonheur de ta moitié ;
Toi cœur qui jadis paisible,
Cherches un cœur, un appui ;
Mais fuyons l'être insensible
Qui n'aima jamais que lui.

CHORUS.
Plaisir fais nous vivre etc.

3.

C'est au sein de la nature
Que nous puisons le plaisir.
Cette source est toujours pure,
Gardons nous de la tarir
Tous les biens nous viennent d'elle,
Ce nectar si bienfaisant,
Une maitresse fidelle,
Un ami tendre et constant.

2.

Wem der grofse Wurf gelungen,
  Eines Freundes Freund zu seyn,
Wer ein holdes Weib errungen,
  Mische seinen Jubel ein!
Ja, wer auch nur Eine Seele
  Sein nennt auf dem Erdenrund!
Und wer's nie gekonnt, der stehle
  Weinend sich aus diesem Bund!

CHOR.

Was den grofsen Ring bewohnet,
  Huldige der Sympathie!
  Zu den Sternen leitet sie,
Wo der Unbekannte thronet.

3.

Freude trinken alle Wesen
  An den Brüsten der Natur;
Alle Guten, alle Bösen
  Folgen ihrer Rosenspur.
Küsse gab sie uns und Reben,
  Einen Freund, geprüft im Tod.
Wollust ward dem Wurm gegeben,
  Und der Cherub steht vor Gott.

CHOEUR.

Plaisir etc.

4.

*La terre dans son enfance
N'offrait rien que des déserts.
Le plaisir par sa puissance
Vint embellir l'univers;
La fleur nait sous son haleine,
Il commande aux éléments,
Et des cieux la vaste plaine
Se peuple d'astres brillants.*

CHOEUR.

Plaisir etc.

5.

*Du chemin le plus sauvage
Il adoucit l'âpreté:
C'est lui qui conduit le sage
Qui cherche la vérité:*

CHOR.

Ihr stürzt nieder, Millionen?
Ahndest du den Schöpfer, Welt?
Such' ihn überm Sternenzelt!
Ueber Sternen muſs er wohnen.

4.

Freude heiſst die starke Feder
In der ewigen Natur.
Freude, Freude treibt die Räder
In der groſsen Weltenuhr.
Blumen lockt sie aus den Keimen,
Sonnen aus dem Firmament;
Sphären rollt sie in den Räumen,
Die des Sehers Rohr nicht kennt.

CHOR.

Froh, wie seine Sonnen fliegen
Durch des Himmels prächtgen Plan,
Lauft, o Brüder, eure Bahn,
Freudig, wie ein Held zum Siegen.

5.

Aus der Wahrheit Feuerspiegel
Lächelt sie den Forscher an.
Zu der Tugend steilem Hügel
Leitet sie des Dulders Bahn.

  Le fidèle au bien suprème
   Marche sous ses étendarts:
  Et le créateur lui même
   Sourit à ses doux regards!

    CHOEUR.
  Plaisir etc.

    6.

  Que notre reconnoissance
   Eclate par nos bienfaits:
  Que la craintive indigence
   Prenne part à nos banquets.
  De nos cœurs chassons la haine;
   Mettons l'injure en oubli:
  Que la vengeance inhumaine
   Epargne notre ennemi!

    CHOEUR.
  Plaisir etc.

Auf des Glaubens Sonnenberge
Sieht man ihre Fahnen wehn;
Durch den Riſs gesprengter Särge
Sie im Chor der Engel stehn.

CHOR.

Duldet muthig, Millionen!
Duldet für die beſsre Welt!
Droben überm Sternenzelt
Wird ein groſser Gott belohnen.

6.

Freude sprudelt in Pokalen;
In der Traube goldnem Blut
Trinken Sanftmuth Kannibalen,
Die Verzweiflung Heldenmuth.
Brüder, fliegt von euren Sitzen,
Wenn der volle Römer kreist,
Laſst den Schaum zum Himmel spritzen:
Dieses Glas dem guten Geist!

CHOR.

Den der Sterne Wirbel loben,
Den des Seraphs Hymne preist,
Dieses Glas dem guten Geist
Ueberm Sternenzelt dort oben!

7.

Le plaisir est dans ces verres
Pleins d'un jus délicieux
Qui rend tous les hommes frères,
Et charme les malheureux.
Amis, que chacun le chante!
Il nous invite à jouir.
Que cette liqueur brillante
Coule en offrande au plaisir.

CHOEUR.

Plaisir etc.

8.

Défendons tous l'innocence,
Respectons la vérité,
Courageux dans la souffrance
Songeons à l'éternité.
Gardons, même aux pieds du trône
Une honorable fierté;
Et que notre main couronne
Le mérite et la bonté.

7.

Festen Muth in schwerem Leiden,
  Hülfe, wo die Unschuld weint,
Ewigkeit geschwornen Eiden,
  Wahrheit gegen Freund und Feind,
Männerstolz vor Königsthronen,
  Brüder, gält' es Gut und Blut!
Dem Verdienste seine Kronen,
  Untergang der Lügenbrut!

Chor.

Schließt den heilgen Zirkel dichter!
  Schwört bei diesem goldnen Wein,
  Dem Gelübde treu zu seyn,
Schwört es bei dem Sternenrichter!